A a

A a

A a

A a

B b

B b

B b

B b

C c

C c

C c

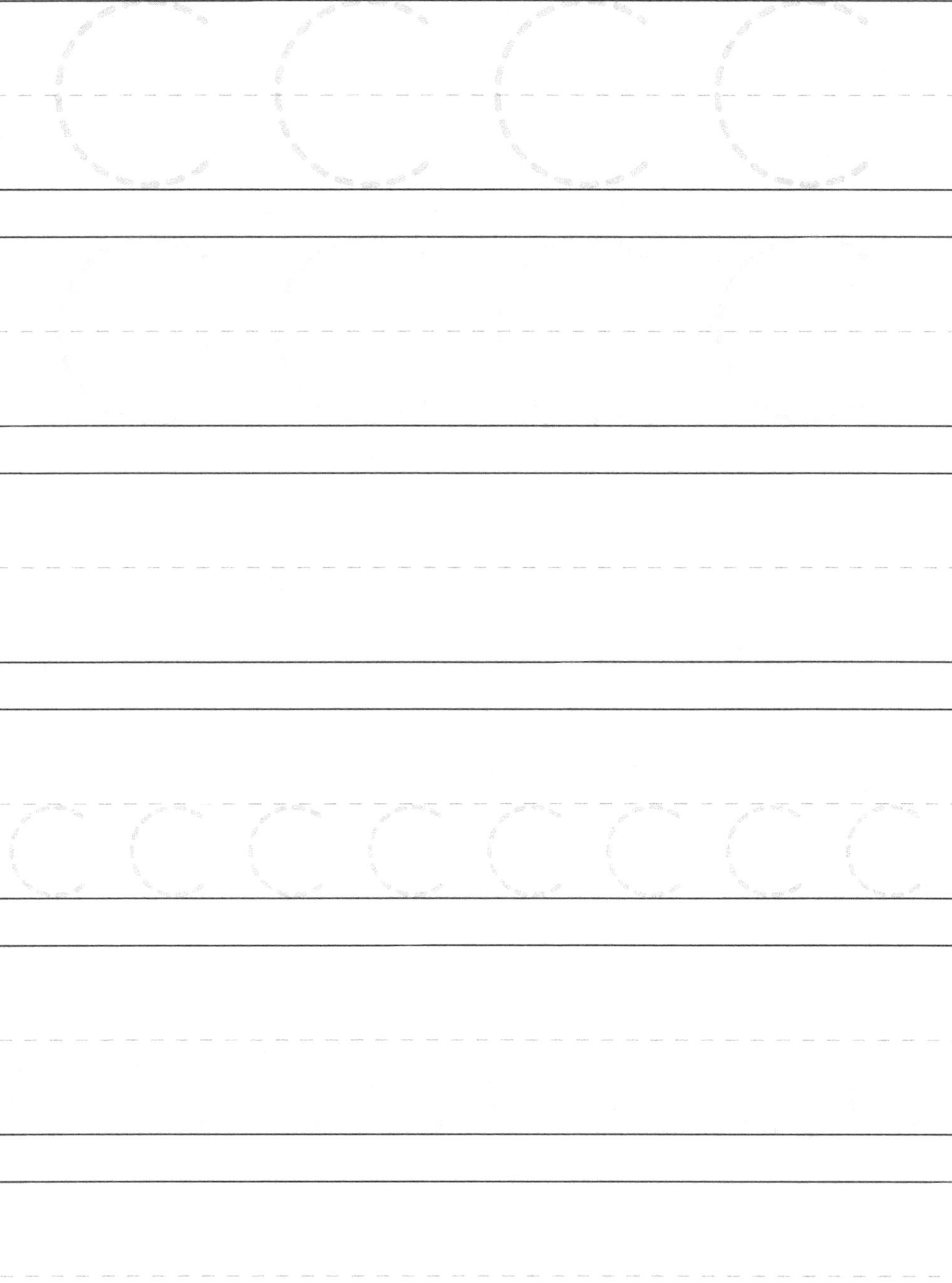

C c

D d

D d

D d

D d

E e

E e

E e

E e

F f

F f

F f

F f

G g

G g

G g

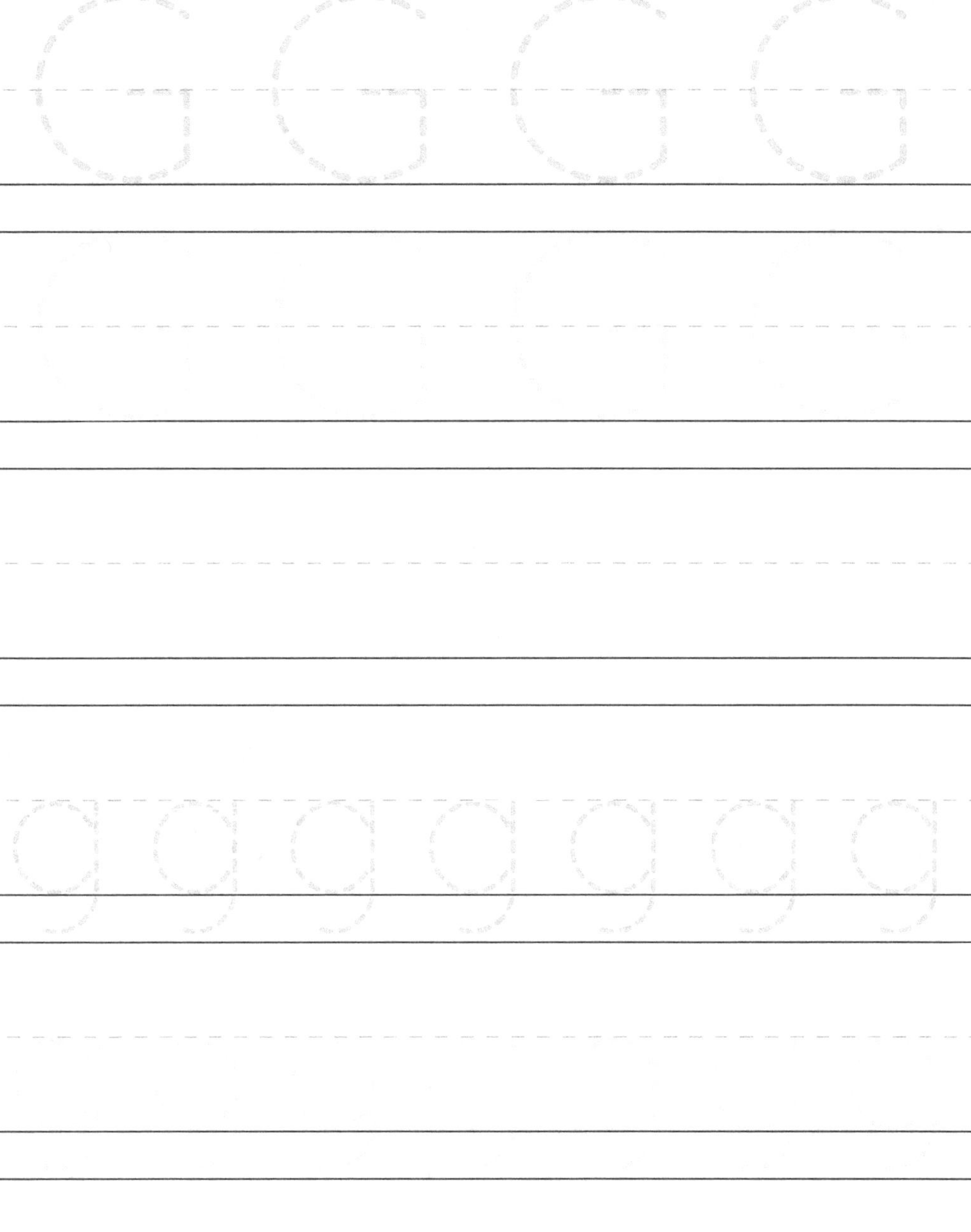

G g

H h

H h

H h

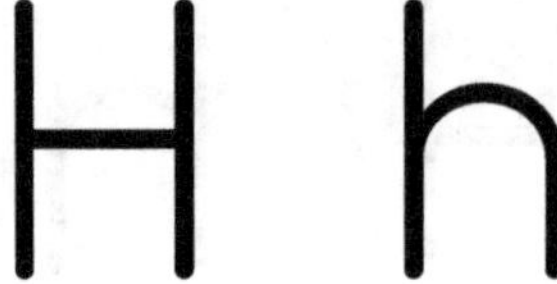

H h

I i

I i

I i

I i

J j

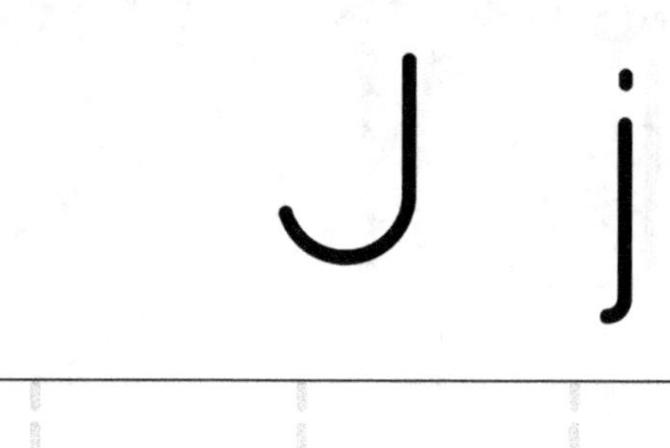

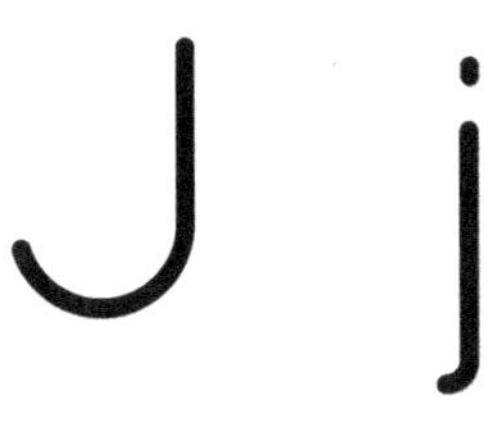

J j

J j

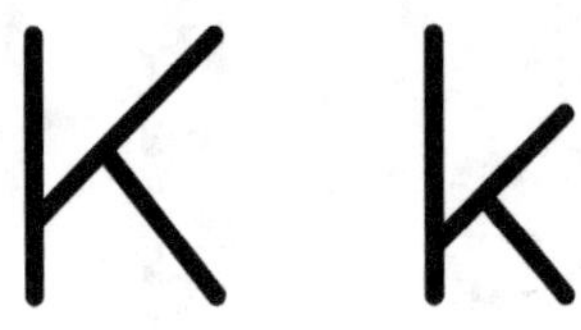

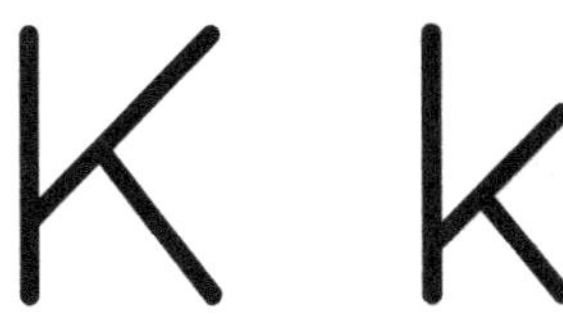

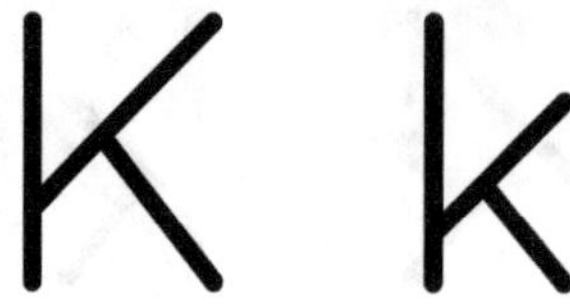

K k

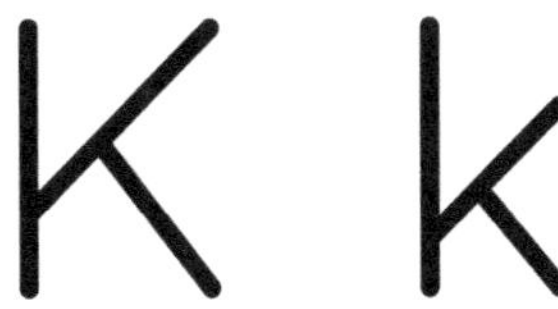

L l

L l

L l

M m

M m

M m

M m

N n

N n

N n

N n

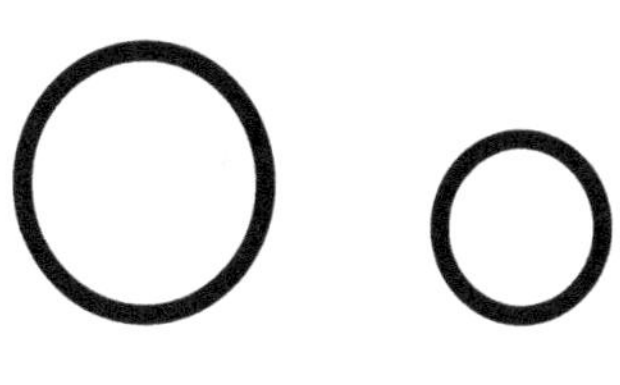

P p

P p

P p

P p

Q q

Q q

Q q

Q q

R r

R r

R r

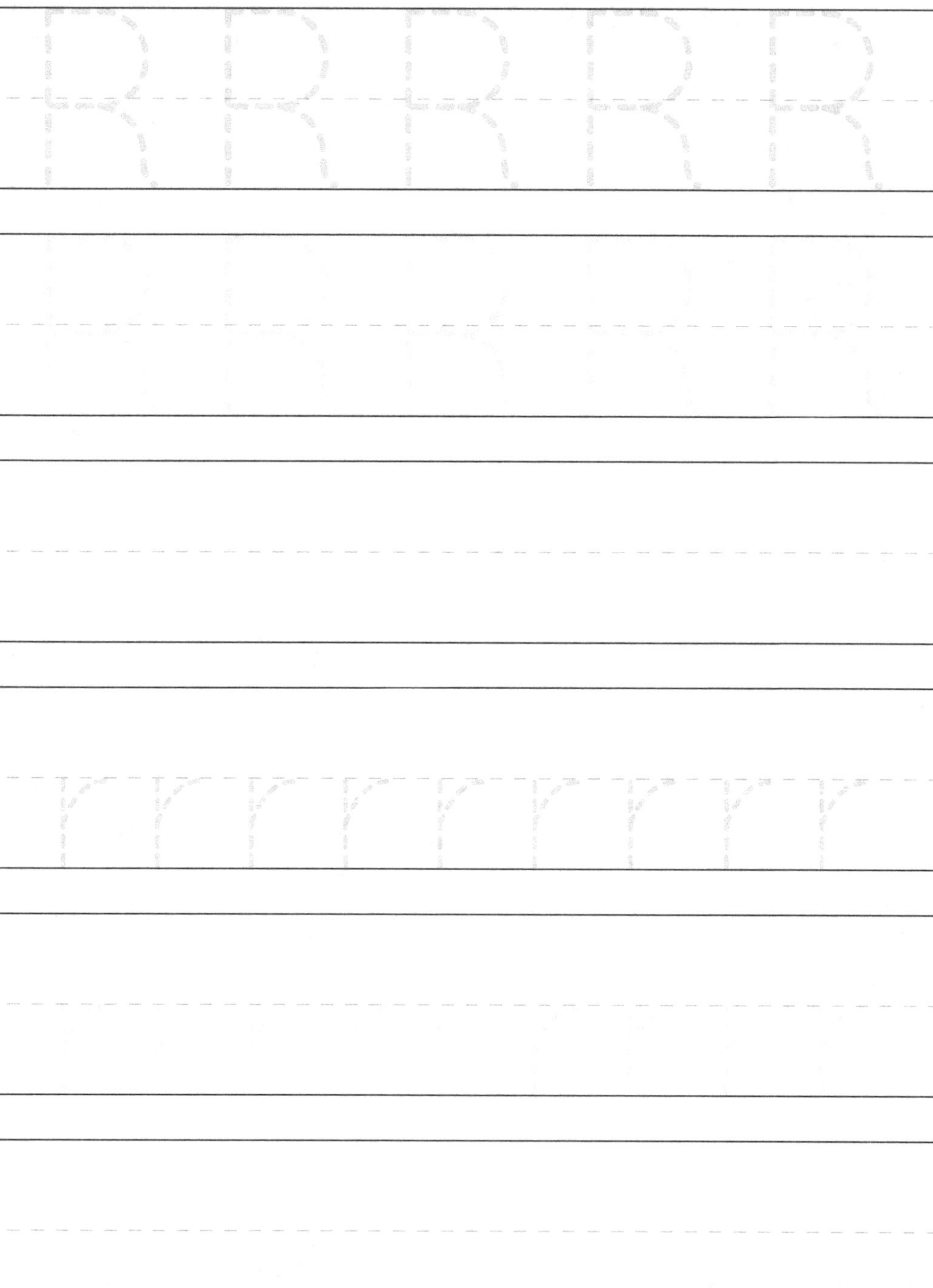

R r

S s

S s

S s

S s

T t

T t

T t

T t

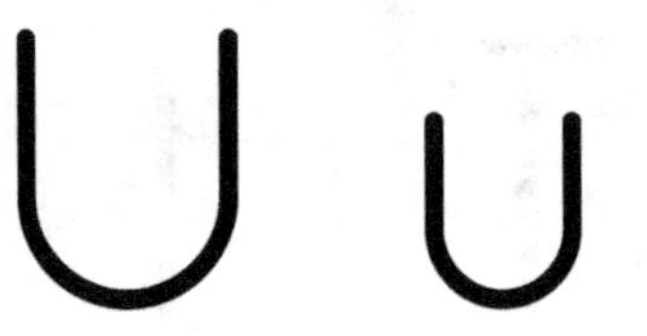

U u

U u

U u

V v

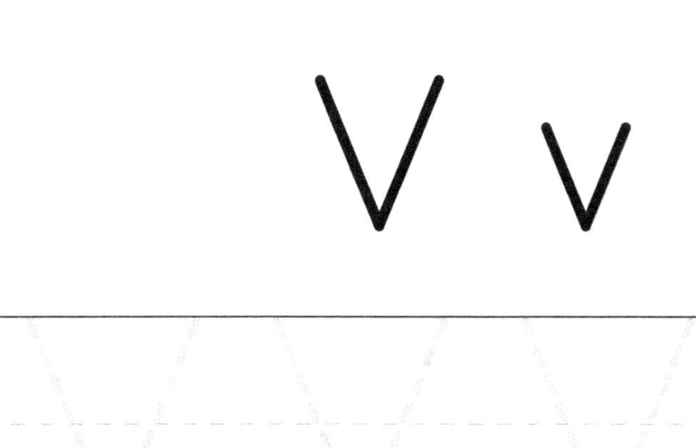

V v

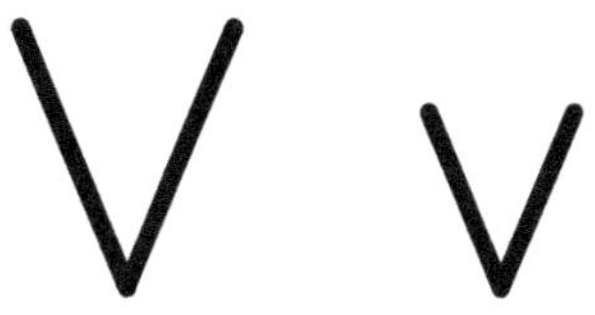

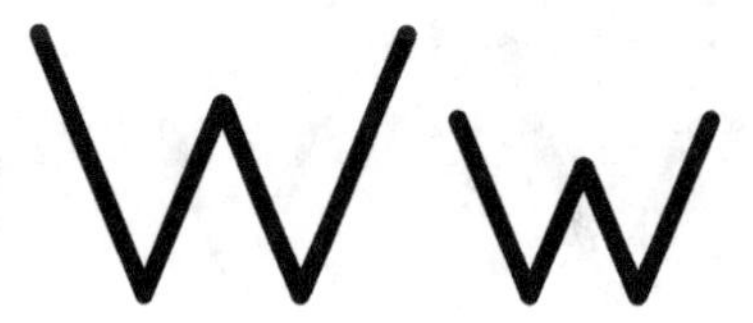

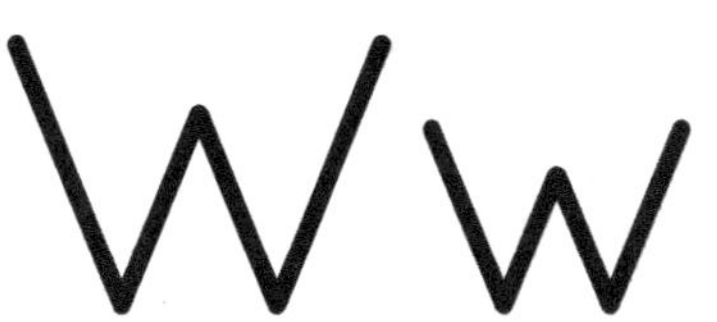

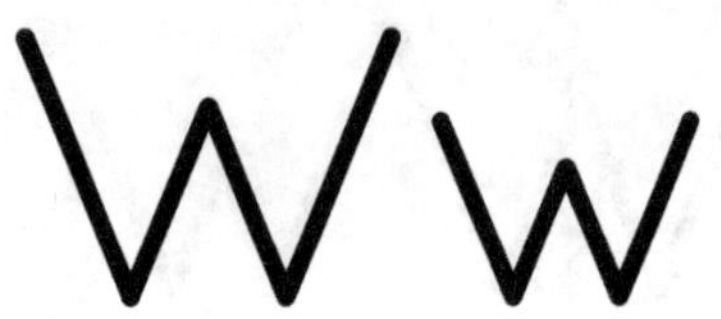

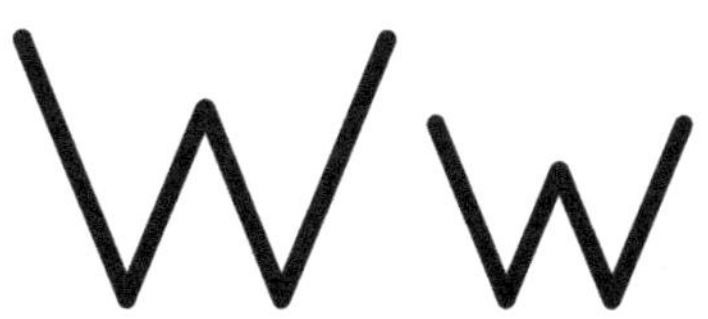

X x

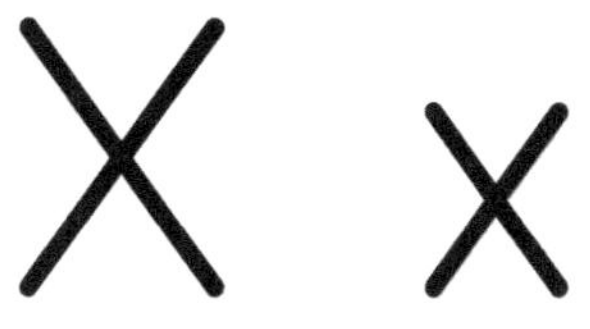

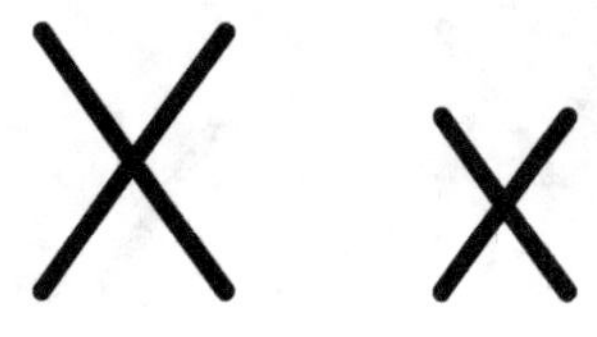

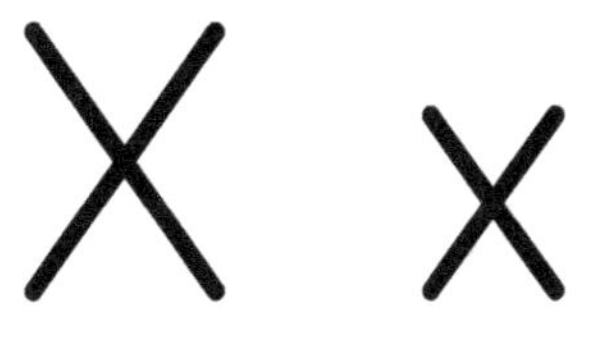

Y y

Y y

Y y

Y y

Z z

Z z

Z z

Z z

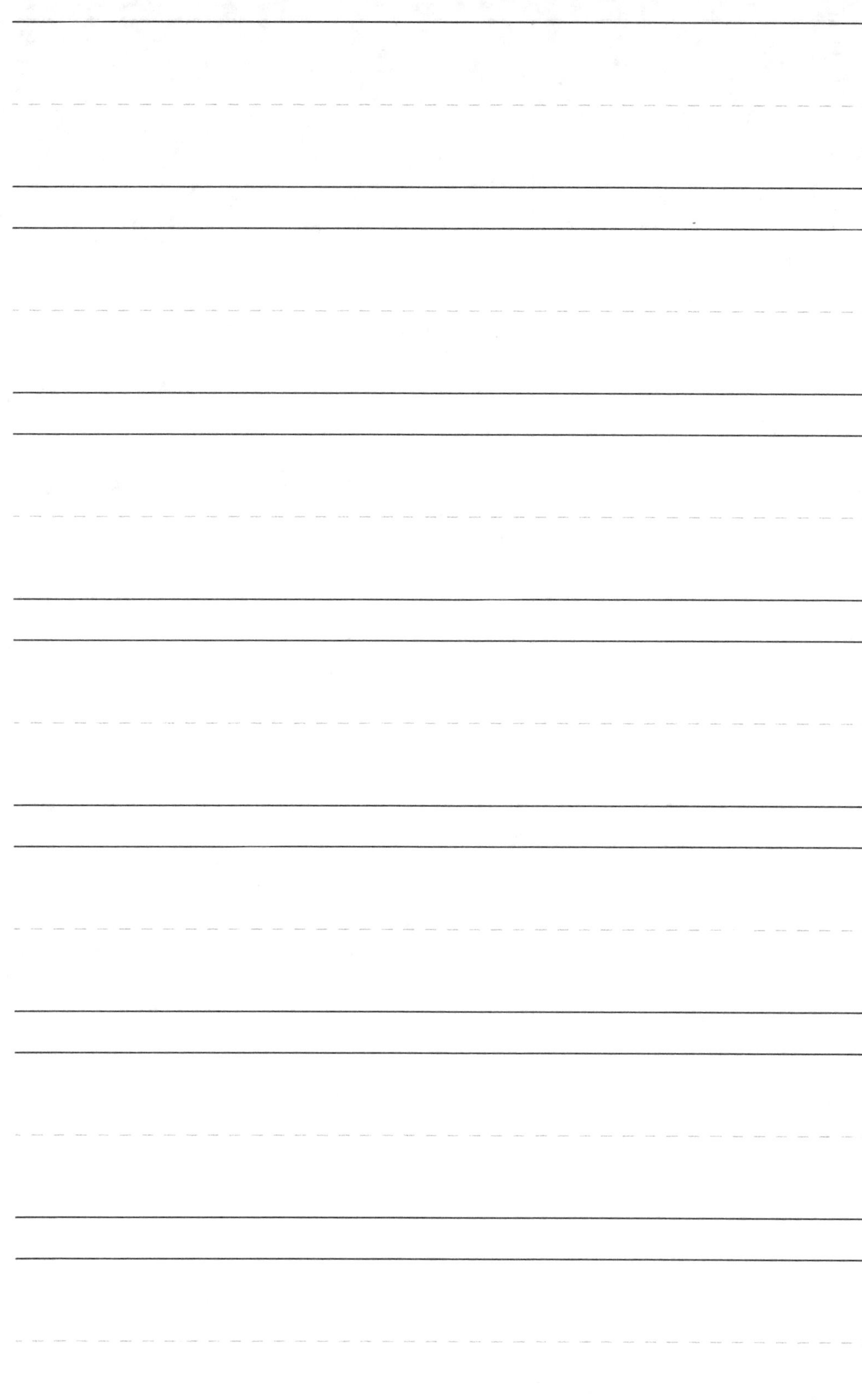

9 798739 161659